CŒSARINE ET VICTOR,

O U

LES EPOUX DÈS LE BERCEAU,

COMÉDIE

EN TROIS ACTES ET EN VERS LIBRES;

Par le Citoyen DESFORGES.

Représentée, pour la première fois, sur le Théâtre des Jeunes Élèves, le 4 Germinal an 9.

PRIX UN FRANC DEUX DÉCIMES.

A PARIS,

Chez HUGELET, Imprimeur, rue des Fossés-S.-Jacques, N° 4, près l'Estrapade, Division de l'Observatoire.

AN IX.

PERSONNAGES.	ACTEURS.
Mr DURVILLE, sensible & turbulent....	C. CLAIREMONDD.
M^r DE RUPIÈRE, Marin, sous le nom de LA ROCHE, sensible & doux..........	OZANNE.
CŒSARINE, fille de M. Durville, espiègle, pleine d'esprit & d'âme..............	Mlle VIRGINIE.
EUGÈNE, fils de M. de Rupière, généreux & délicat jusqu'au scrupule, sous le nom de VICTOR......................	GUÉNÉZ.
Mme LEBON, Aubergiste, femme aussi sage qu'humaine.....................	Mlle MITONNEAU.

La Scène se passe à Rouen , chez Durville.

Je déclare avoir cédé au citoyen HUGELET la Pièce ayant pour titre: *Cœsarine et Victor, ou les Époux dès le berceau*, Comédie en 3 actes en vers; laquelle Pièce il peut imprimer, vendre et faire vendre en tel nombre d'exemplaires qu'il lui plaira, me réservant les droits d'Auteur par chaque représentation qu'on pourra donner sur les différens théâtres de la République.

Paris, ce 5 Germinal, an 9 de la république française.

Signé DESFORGES.

Je déclare que je poursuivrai tous contrefacteurs et distributeurs d'éditions contrefaites qui ne porteroient pas le fleuron qui est au frontispice de la présente Pièce, et qui indique les lettres initiales de mon nom.

S. A. HUGELET.

CŒSARINE ET VICTOR.

ACTE PREMIER.

Le Théâtre représente la maison de Mme Lebon, & la chambre que Victor occupe chez elle.

SCENE PREMIERE.

Mme LEBON, VICTOR.

Mme LEBON.

Eh! quoi, sans nous en avertir,
Monsieur, vous prétendez partir?

VICTOR.

Laissez-moi m'éloigner, Madame;
Je vous jure que je le dois.

Mme LEBON.

Mais la cause, encore une fois?

VICTOR.

Si je vous la disais! laissez-là dans mon âme;
Que je fuie avec mon secret.

Mme LEBON.

Ce secret est donc bien terrible?

VICTOR.

Il est affreux.

Mme LEBON.

Avec regret,
J'insiste pour l'apprendre; à ce qu'il me paroît
L'aveu doit en être pénible;
Mais je suis votre amie, & ne puis vous trahir.

A

VICTOR.

Je tremble de vous obéir
Mais, hélas! je vous dois tant de reconnoissance,
Que vous le refuser n'est pas en ma puissance,
  Je vais parler. — Vous connoissez celui
Qui long-temps dans ses maux n'eut que vous pour appui?
Ce fils infortuné d'un plus malheureux père,
Qu'il ne connut jamais, que le destin sévère
Força de s'exiler pour un double malheur;
La perte de ses biens risqués dans le commerce,
Qui donne la fortune, ainsi qu'il la renverse.
  Ensuite une affaire d'honneur,
  Combat affreux, mais nécessaire,
  Où d'immoler son adversaire
  Il eut le funeste bonheur.

Mme LEBON.

Je le connois. — Suivez.

VICTOR.

                    Souffrez que je rappelle
Des faits intéressants, non pour vous, mais pour moi;
Ils vous prouveront mieux la crise bien cruelle,
  Qui, de partir, doit m'imposer la loi.
Mon père, en s'éloignant, me laissa chez le maître
  Où pour mon éducation,
  Il m'avoit mis en pension;
Au bout d'un certain temps, ne voyant rien paroître;
  Point de parens & point d'argent,
Il me traite bientôt d'un ton désobligeant.
  J'étois fier, car je suis sensible;
  Pour fuir je tentai l'impossible.
L'occasion s'offrit, je ne la manquai pas;
Et partis sans savoir où tourneroient mes pas.
  Je n'avais que dix ans. — Mon âge
Sembloit solliciter la plus tendre pitié;
  Mais dans mon pénible voyage
Je ne trouvai que vous, que vous dont l'amitié,
Par les soins les plus doux ranima mon courage,

Mme LEBON.

J'ai fait ce que j'ai pu; je voulais davantage.

VICTOR lui baisant la main.

O ma mère!... & pour vous, j'aurais eu des secrets;

Mᵐᵉ LEBON.

Achevez, Victor, je vous prie.

VICTOR.

Vous savez tout; dans votre hôtellerie,
Une jeune beauté de mon âge à-peu-près,
S'arrête, me regarde, & d'un ton plein d'attraits,
Me demande mon nom; je le dis; & votre âge?
Quatorze ans. — C'est le mien : puis elle vous engage
À me laisser partir. — Vous donnez votre aveu,
Et je pars contre mon attente,
Avec elle & sa gouvernante,
Qui vient de mourir depuis peu;
De cacher mon nom véritable,
Eugène de Rupière, elle nous fait la loi,
Et me nomme Victor, je ne sais pas pourquoi.

Mᵐᵉ LEBON.

Mon fils, il est indubitable
Qu'elle avoit ses raisons. J'ai bien obéi, moi;
Vous devez m'imiter.

VICTOR.

Je l'ait fait, ô ma mère,
Sans oser pénétrer la cause du mystère.

Mᵐᵉ LEBON.

Il s'éclaircira tôt ou tard,
Pour moi comme pour vous.

VICTOR.

Bref, après mon départ
Je me trouve à Paris; on me donne des maîtres
Écriture, musique, armes, danse, dessin,
Instrumens, sciences, enfin
J'étais le plus heureux des êtres;
Pressentez-vous le résultat?

Mᵐᵉ LEBON.

Pas encor, (à part.) mais je le devine.

VICTOR.

Eh bien! j'en suis le plus ingrat;
Cosarine a fait mon état.
Oui, sa bonté presque divine,
M'éleva même avec éclat,
Et j'ose adorer Cosarine.
Ah! je pars! je pars dès ce jour.

Mme L E B O N *avec fermeté.*

Restez, Victor.

V I C T O R.

Non; mon amour
Est vraiment pour elle un outrage;
Hélas! je me connois trop bien;
Elle est tout & je ne suis rien.

Mme L E B O N.

Restez, vous êtes son ouvrage;
Donc, vous êtes tout pour son cœur.
Traitez-vous, cher enfant, avec moins de rigueur.
J'aime cette délicatesse;
De votre âme sensible elle peint la noblesse;
Mais il ne la faut pas outrer;
Ce secret, dès long-temps, j'ai su le pénétrer;
L'aimable Cœsarine est vraiment votre mère;
Par le nombre de ses bienfaits,
Elle doit vous être bien chère.
Mais vous avez des yeux comme elle a des attraits,
Et dans cet âge aimable où tous les deux vous êtes,
Quand la reconnoissance a contracté des dettes,
Elle change de nom; c'est clair comme le jour.

V I C T O R.

Elle n'eut jamais dû prendre le nom d'amour,
C'est de l'amour que j'ai. — Non, il faut que je parte;
D'un séjour dangereux, il faut que je m'écarte.
Et vous devez y consentir.

Mme L E B O N.

Votre adorable bienfaitrice
Veut me parler de vous, & m'a fait avertir
De l'attendre en ce lieu. Vous ne devez partir
Qu'après notre entretien. Mais si rendre un service
Est, comme je le sais, votre bien le plus doux,
Le voisin a besoin de vous
Pour écrire un placet.

V I C T O R.

Un service! ah! j'y vole
(*avec embarras.*)
Elle va donc venir.

Mme L E B O N.

Oui, j'en ai sa parole.

VICTOR.

Pour vous parler de moi?

Mᵐᵉ LEBON.

Mais je le crois.

VICTOR *timidement,*

Eh bien!

Vous me redirez l'entretien,
N'est-ce pas?

Mᵐᵉ LEBON.

Oui, soyez tranquille.

VICTOR.

Bien fidèlement?

Mᵐᵉ LEBON.

Oui.

VICTOR.

J'ai trouvé tout facile
Pour répondre à ses soins que je méritais peu :
Mes efforts, mes progrès, tout tendoit à lui plaire.
Elle fut indulgente, & moi, moi téméraire !
J'ose l'aimer ! ô ciel ! un si coupable feu
Ne peut qu'exciter sa colère.

Mᵐᵉ LEBON.

Je lui vais en faire l'aveu ;
Nous verrons sa réponse.

VICTOR.

Ah ! que le ciel m'en garde.

Mᵐᵉ LEBON.

Rassurez-vous. — Je crois qu'il tarde
Au bon voisin Després.

VICTOR.

Il attend après moi ;
J'y cours. N'aurons-nous donc d'intérêts que les nôtres?
Qu'il est mal d'oublier les autres,
Pour ne penser jamais qu'à soi.
Sans dieu. (*Il baise la main de Mad. Lebon et sort.*)

>>> * <<<

SCENE II.

Mme LEBON, *ensuite* **M. LA ROCHE.**

Mme LEBON (*seule un moment.*)

Digne enfant! estimable jeune homme,
Plein de talens, d'âme & d'honneur;
Va, le ciel te doit le bonheur,
Et tu l'auras... Mais savoir comme
Il s'apprête à te rendre heureux.
C'est là le grand mystère, & pourtant j'imagine
Que ce sera toujours par les soins généreux
De la sensible Cœsarine,
Dont il faut jusqu'au bout respecter le secret.
J'entends du bruit; quelqu'un paroit.
C'est cet américain très-poli, très-honnête,
Qui vint hier au soir loger dans ma maison.

LA ROCHE.

Madame.

Mme LEBON.

A vous servir, Monsieur, me voilà prête.

LA ROCHE.

Je vous demande bien pardon.
Cette lettre, Madame, est pour monsieur Derville,
Négociant de cette ville,
Que si je m'en souviens, logeoit bien près d'ici.

Mme LEBON.

C'est mon voisin, Monsieur; nous sommes porte à porte.
Cette lettre est pressée? à l'instant je la porte.

LA ROCHE.

Vous-même?

Mme LEBON.

Avec plaisir. — Donnez moi.

LA ROCHE.

La voici;
Et du fond de mon cœur, je vous dis grand merci.

Mme LEBON.

Votre nom? s'il vous plaît.

LA ROCHE.

LA ROCHE.

                    Je l'ai mis dans ma lettre ;
Mais si vous voulez le savoir,
Je me nomme La Roche.

        Mᵐᵉ LEBON.

                    Ah! bon. — Vous allez voir
Monsieur Durville ici. — J'ose vous le promettre.

            LA ROCHE.

Que d'obligations.

        Mᵐᵉ LEBON.

            De rien ; c'est mon devoir. *(Elle sort)*

SCENE III.

    LA ROCHE *seul.*

Ce n'est qu'à l'honnête Durville,
Homme franc & loyal, ami vrai, généreux,
Que je puis confier le secret dangereux
    De mon retour en cette ville.
Il va d'abord en moi ne voir qu'un étranger ;
    Mon nom qu'il m'a fallu changer,
Mes traits défigurés par maint & maint voyage ;
Par les chagrins, la mer, les fatigues & l'âge ;
Pour fonder son erreur, tout sera de moitié.
Mais quand je lui dirai : « Durville, c'est Rupière
» Qui revient dans les bras de la tendre amitié,
    » Plein d'une confiance entière ».
Quel moment pour tous deux ! inquiet sur mon sort,
        Peut-être il a pleuré ma mort.
Mon retour imprévu le comblera de joie ;
Oui, je retrouverai le meilleur des amis.
Que ne sais-je aussi sûr de retrouver mon fils.
Des plus affreux malheurs, quand je devins la proie,
Je partis sans oser donner le moindre avis ;
        Il m'eut été fatal peut-être.
Eugène avoit dix ans ; qu'en aura fait son maître ?
Qui, depuis mon départ, n'a point été payé.
Sur le sort de mon fils, mon cœur est effrayé.
Espoir de le trouver, ô toi qui me ramènes,
        Ne serais-tu qu'un imposteur ?
Je possède des biens acquis avec honneur ;

                                        B

Le malheureux enfant a partagé mes peines,
Il doit partager mon bonheur.
Et toi, fortune secourable,
Qui, soulageant mes maux, enfin m'es favorable,
Je ne verrai, par toi, ce bonheur affermi,
Que quand tu me rendras mon fils & mon ami.

SCENE IV.

LA ROCHE, Mme LEBON, *ensuite* CŒSARINE.

Mme L E B O N.

Monsieur Durville va paroître,
Monsieur, quoiqu'il n'ait pas pourtant, a ce qu'il dit,
L'avantage de vous connoître.

L A R O C H E, *souriant.*

Nous nous connoîtrons. Il suffit.
Mille & mille pardons, madame.

Mme L E B O N.

Monsieur, c'est de toute mon âme.

L A R O C H E.

Je reste, & si l'on vient...

Mme L E B O N.

J'irai vous avertir.
Soyez tranquille.

L A R O C H E.

Bou.

Mme L E B O N.

Il fait bien de partir,
Car voici l'heure, j'imagine,
Où doit se rendre ici l'aimable Cœsarine.
La voici justement.

C Œ S A R I N E, *gaiement.*

Bon jour; embrassons-nous.

Mme L E B O N.

Ah! dieux! comme vous êtes bonne.

C Œ S A R I N E, *l'embrassant encore.*

Encor pour vous punir.

Mme L E B O N, *souriant.*

Le châtiment est doux.

LA ROCHE, *à part.*

Que vois-je? ah! l'aimable personne.

CŒSARINE.

Mon fils?

Mme LEBON.

Mademoiselle, il n'est pas loin de vous.

LA ROCHE, *à part.*

Son fils! mademoiselle! oh! oh! que veut donc dire ?
(*Bas à Madame Lebon.*)
Madame, un petit mot, & puis je me retire.
Si monsieur Durville paroît,
Il voudra bien dîner avec moi, je l'espère.
Je sors pour un instant.   (*bas à l'oreille.*)

Mme LEBON.

Monsieur, tout sera prêt.

CŒSARINE.

Monsieur Durville! mais je crois avoir un père
Qui porte ce nom là.

LA ROCHE.

C'est un de mes amis;
Riche négociant, & je me suis permis
Une invitation à mon cœur nécessaire,
Pour resserrer le nœud qui nous lia jadis.
Il demeure ici près.

CŒSARINE.

Bon, c'est un de mes pères.

LA ROCHE, *souriant.*

Quoi! vous en avez donc?...

CŒSARINE.

Deux, si vous voulez bien.
N'y cherchez pas de grands mystères;
Celui de mon mari, c'est l'un; l'autre est le mien.
Ce dernier m'est connu; quand à l'autre on ignore
En quels lieux il est aujourd'hui,
S'il a péri, s'il vit encore;
C'est un malheur pour nous & peut-être pour lui.

LA ROCHE.

Dites sans doute, & non peut-être.
Ce père, quel qu'il soit, aimeroit à connoître

B 2

Une bru si charmante avec son petit-fils.

CŒSARINE.

Comment, son petit-fils ? quelle est cette chimère ?

LA ROCHE.

N'êtes-vous pas épouse & mère ?

CŒSARINE.

Oui, vous avez raison, je suis
Et tendre mère, & tendre épouse.
De ces titres sacrés mon âme est bien jalouse.
Mais, monsieur, désabusez-vous,
Mon époux est mon fils, mon fils est mon époux,
Et tous deux ne font qu'un.

LA ROCHE.

Je n'y puis rien comprendre.

CŒSARINE, *avec finesse et ironie.*

Je le crois bien, c'est mon secret.
A mon père, sur-tout, gardez-vous de l'apprendre ;
Je l'ai dit dans l'espoir que vous seriez discret.
D'ailleurs, vous aviez pu m'entendre.
Mais la probité vous défend
De lui parler d'époux, & de mère & d'enfant ;
N'allez pas l'affliger, c'est un père si tendre.

LA ROCHE, *souriant.*

A ma discrétion vous devez vous attendre ;
Pour moi cette vertu toujours eut des appas.
Comment parler, d'ailleurs, de ce qu'on ne sait pas ?
Je sors, & dans l'instant ici je vais me rendre.
(*à part.*) En honneur, je m'y perds. (*Il sort.*)

SCENE V.

CŒSARINE, Madame LEBON.

CŒSARINE.

Monsieur le curieux,
Vous n'en saurez pas plus. — Il est bien pour son âge.

Mme LEBON.

Il a l'air doux, sensible, sage,
Et cet homme là n'est pas vieux ;

Mais vous, ma chère enfant, dites-moi quelle rage
Vous porte à raconter....

CŒSARINE.

Qu'ai-je dit ? rien, allez;
Vous, madame Lebon, vous-même qui parlez,
Vous n'en savez pas davantage.
Mon secret ! ô c'est mon trésor;
Mais où donc est monsieur Victor ?

Mme LEBON.

Ici près : au voisin il rend un bon office;
Mais je vais le faire venir.

CŒSARINE.

O ciel! le déranger, quand il rend un service !
De grace, laissez-le finir.
En l'attendant, de lui, l'on peut s'entretenir.
Parlez-moi vrai; mon fils est-il toujours bien sage?

Mme LEBON.

Du tout.

CŒSARINE.

Vous m'effrayez.

Mme LEBON.

Armez-vous de courage,
Car le crime qu'il a commis
Est...

CŒSARINE.

Grands dieux ! achevez.

Mme LEBON.

Que direz-vous d'un fils,
D'un fils assez ingrat pour adorer sa mère.

CŒSARINE.

Sa mère! en a-t-il une ?

Mme LEBON.

Eh mais, n'est-ce pas vous ?
Et n'en eûtes-vous pas tous les soins les plus doux.

CŒSARINE, *un peu remise, et avec sentiment.*

Hélas! j'ai fait tout mon possible.

Mme LEBON.

Eh bien! son cœur dur, insensible,

Pour prix de vos bienfaits, ose vous adorer ;
Mais pourtant au remord qui vient le dévorer,
   Comme il n'est pas inaccessible,
Il part pour se punir de sa témérité.

  CŒSARINE, *avec effroi.*

Comment, il est parti ?

   Mme LEBON.

     Grace à moi, pas encore.

  CŒSARINE.

Comme c'est bien à vous de l'avoir arrêté ;
Car enfin, ce jeune homme, après tout, il ignore....
Il m'aime, dites-vous ?

   Mme LEBON.

     Aimer ! — Il vous adore.
Je vous l'ai dit trois fois. — L'ai-je assez répété ?

  CŒSARINE.

Ne vous fâchez donc pas ; c'est la reconnoissance.

  Mme LEBON.

Non, c'est du bel & bon amour.

  CŒSARINE.

 Eh bien , tant mieux ; car sans détour
Je vous dis que je suis sa femme.

  Mme LEBON.

Vous me le dites, mais vous ne le prouvez pas.

  CŒSARINE.

 Pas plus à lui qu'à vous , madame.
Vous saurez mon secret : l'instant vient à grand pas.
 En attendant, soyez très-sûre
Que j'avois des motifs bien forts, bien importants
 Pour prendre ainsi depuis sept ans
 Soin de l'aimable créature.

  Mme LEBON.

 Et personne dans tout ce temps
 N'entra dans votre confidence ?

  CŒSARINE.

 Ma bonne qui vient de mourir
Savoit tout ; sa tendresse ainsi que sa prudence,
Jusqu'au dernier moment ont su me secourir ;

L'argent qu'avec excès me prodiguoit mon père,
Servoit une entreprise à mon espoir bien chère,
Et le sage Victor ayant peu de besoins,
Je me trouvais heureuse, & je me parais moins.
    Voilà quelle fut ma conduite
    Envers cet aimable indigent;
    Et vous apprendrez par la suite
    Si j'ai bien placé mon argent.
    Il ne vient pas. — J'attends mon père;
    Je veux, avant, l'entretenir.

Mme LEBON.

A l'instant même il va venir.

CŒSARINE.

Mais il aura fini, j'espère.
Je ne viens que pour l'obliger.
Ce seroit je crois l'affliger
Que d'oser l'empêcher d'en obliger un autre.

Mme LEBON, *lui baisant la main.*

Digne enfant, quelle âme est la vôtre.
Je reviens à l'instant.   (*Elle sort.*)

SCENE VI.

CŒSARINE *seule.*

                Je les intrigue tous;
Mais, j'ai bien mes raisons qu'on saura : taisons-nous.
Me voilà dans sa chambre : elle est vraiment jolie;
Et par la propreté, comme elle est embellie!
Comme tout est rangé dans son appartement.
Il faut pourtant, mon fils, changer de logement;
Mais, puisque votre cœur parle pour Cœsarine,
Peut-être aimerez-vous celui qu'on vous destine,
    Car il sera bien près du sien.
    De ce nouveau commis, mon père
    Sera très-satisfait, j'espère :
    Il est intelligent; il travaille, écrit bien;
Si bien, que l'on diroit une belle gravure.
    En voilà de son écriture!
Voyons. — Ah! ah! des vers à Cœsa....! l'indiscret;
Pourquoi les laisser là! ces vers sont en musique;
    De tous les talens il se pique.

Mettons les avec mon secret.

(*Elle les met dans son porte-feuille.*)

Ce doux secret, ce grand mystère,
Que j'ai depuis huit ans su voler à mon père,
Parce que de mon sort il contenoit l'arrêt.
Voyons dans ce tiroir.—Je crois.—C'est mon portrait.
Oui, c'est lui; quelquefois je me mire, & je jure;
Que je reconnois là ma lutine figure.
Comme il dessine bien! du moins c'est consolant;
Quand on voit qu'à l'envi le zèle & le talent
Répondent à nos soins.—A ce que je puis croire,
Cette éducation me fera grand honneur,
Et sur-tout grand plaisir. Pour completter ma gloire,
Je veux, dès aujourd'hui, completter son bonheur.
Emportons ce dessin.—Chut, on vient; c'est lui-même.
Quel maintien réservé! quel air timide & doux,
        Et comme il est digne qu'on l'aime.
Imitez moi, beau sexe, élevez vos époux.

SCENE VII.

CŒSARINE, VICTOR.

CŒSARINE.

Ah! ah! mon bon ami, c'est vous!

VICTOR, *timidement.*

Oui, j'accours à ma bienfaitrice,
Que je n'ai pas dû faire attendre si long-temps.

CŒSARINE.

Vous rendiez vous-même un service.
Pouvais-je, mon ami, vouloir le sacrifice
Du plus beau de tous vos instans.

VICTOR, *à part.*

Créature céleste & chère!
Que mon sort est doux & cruel.

CŒSARINE.

Que dites-vous, mon fils?

VICTOR (*embarrassé, mais pourtant avec feu.*)

                Je disois que le ciel
Daigna dans sa bonté, m'accorder une mère.

CŒSARINE.

CŒSARINE.

Un bon fils comme vous pour elle est un trésor
Que je ne dois qu'à lui. Maintenant, cher Victor,
Écoutez-moi. — De vous je suis vraiment contente ;
Vous avez, en tout point, surpassé mon attente ;
    Et je félicite mon cœur,
Lorsque je ne pouvois encore bien vous connoître,
    D'avoir si bien deviné l'être,
    Duquel je voulois le bonheur ;
Mais il falloit enfin, consommant mon ouvrage,
Assurer ce bonheur dont j'avais le présage ;
Je crois qu'il est venu ce moment précieux ;
Je vais vous rendre heureux comme vous êtes sage.

VICTOR, *à part.*

Comment fera-t-elle ? grands dieux !

CŒSARINE.

    On dit votre écriture belle ;
Pouvez-vous m'en montrer ? hein ?

VICTOR.

            Oui, Mademoiselle.

CŒSARINE, *vivement.*

Mademoiselle. — En bonne foi,
Vous avez pour ce nom une amitié cruelle.
Mademoiselle ! eh bien ! je le déteste, moi.
    Voyez comme je vous appelle,
    Toujours : mon fils ou mon ami.
Deux noms qui, de ceux-là, sont l'image fidelle
    N'y répondent pas à demi :
Choisissez ; mais sur-tout plus de Mademoiselle.

VICTOR.

    La reconnoissance a des loix
Ainsi que le respect.

CŒSARINE.

        Qui vous ôtent le choix ;
N'est-ce pas à peu près ce que vous voulez dire ?
Au nom de tous les deux j'ose vous le prescrire.
    Et quoi de plus respectueux
    Que le nom de mère chérie,
    Et quoi de plus affectueux,

C

De plus reconnaissant que le doux nom d'amie?
Répondez.

VICTOR.

Ah ! je le sens bien.
O vous, ma digne & tendre mère.
Amie & respectable & chère ;
Ah ! comme votre cœur a bien lu dans le mien (*A part*)
Je ne sais où j'en suis , & mon trouble est extrême.

CŒSARINE *à part*.

Il se trouble, tant mieux, il m'aime
(*haut*) Et bien , cette écriture.

VICTOR *revenant à lui*.

Ah ! vous allez en voir
Mais , mon médiocre savoir
Vous contentera peu, *à part* dieux, mes vers, ma romance,
Mon dessin , je suis désolé !
Ils étaient là ! quelle imprudence !

CŒSARINE *à part*.

Il s'apperçoit qu'il est volé.

(*haut*) Eh bien ?

VICTOR.

Voilà, madame.

CŒSARINE.

Encore, on recommence.
Ah ! nous nous brouillerons.

VICTOR.

O ma mère, pardon !

CŒSARINE.

Soit : mais n'oubliez plus mon nom.
Donnez ; mais c'est très bien, je réponds que mon père
Sera fort satisfait ; voilà ce qu'il lui faut.
Cette écriture-là me parait sans défaut.

VICTOR.

Quoi monsieur votre père.

CŒSARINE.

Il vous prendra, j'espère ,
Il avait besoin d'un commis ,
Et dans l'occasion , l'on pense à ses amis.

J'ai senti qu'un état vous était nécessaire,
Je vous ai proposé : j'ai terminé l'affaire,
Et vous allez venir demeurer avec nous.

VICTOR *stupéfait.*

Quoi ! dans votre maison ?

CŒSARINE.

> Où donc ? y pensez-vous !

VICTOR *à part.*

Dieux !

CŒSARINE.

Cet arrangement ne paraît pas vous plaire.

VICTOR *à part.*

Il ne me plaît que trop !

CŒSARINE.

> Allons ; la chose est claire.
Vous avez un emploi plus doux, plus attachant ;
Je ne vous gêne en rien ; suivez votre penchant.

VICTOR *à part.*

Ah ! si je le suivais. Je suis à la torture.
(*haut*) Un autre emploi plus doux. Ah ! veuillez être sûre
Que de l'état heureux que vous daignez m'off... ...
Je ne voudrais qu'être plus digne :
Mais, hélas ! (*à part*) non, jamais je n'eus tant à souffrir.

CŒSARINE.

Dès qu'une mère ordonne, il faut qu'on se résigne.
Mon père va venir peut-être en ce moment,
Et j'exige, en un mot, votre consentement.
Entendez-vous, monsieur ?

VICTOR *douloureusement.*

Monsieur.

CŒSARINE.

> Quand on m'appelle
A chaque instant mademoiselle,
Je puis bien me venger ; je veux votre bonheur.
J'ai donné ma parole, & j'y dois faire honneur.
Voici mon père.

VICTOR.

Hélas !

C 2

SCENE VIII.

Les précédens, DURVILLE *entrant vîte et criant.*

DURVILLE.

Mais je ne le vois guères
Cet inconnu de mes amis ;
Il me fait quitter mes affaires
Et ne s'y trouve pas. Cela n'est pas permis.
Ah ! te voilà, ma fille. Ici, que viens-tu faire ?

CŒSARINE.

J'y viens chercher le secrétaire
Qu'hier au soir je vous promis.

DURVILLE.

Ah ! oui, je m'en souviens. Est-il là ? le temps presse.

CŒSARINE.

Le voici.

DURVILLE.

Comment diable, il est gentil garçon.
Et sait-on son métier ? écrit-on ? chiffre-t-on ?

CŒSARINE *lui donnant le papier.*

On sait tout faire avec adresse.
Jugez-en.

DURVILLE *se récriant.*

Comment diable. Et mais, voilà du soin,
Ecriture nette, hardie.
Et le chiffre. O! ma foi, mon cher, vous irez loin ;
Si du chiffre ardemment vous suivez la partie.

CŒSARINE.

Vous n'avez pas besoin, je crois d'autres garants.

DURVILLE.

Non. Tout est dit, & je le prends.
Il n'a qu'à venir tout de suite.
Son air modeste & doux répond de sa conduite.
De madame Lebon c'est, dis-tu, le neveu ?

CŒSARINE.

Oui, mon père à *Victor* allons donc, répondez donc un peu.

VICTOR.

Que de bontés, monsieur ! comment les reconnaître ;
En aurai-je jamais la possibilité ?

DURVILLE.

Venez, mon cher enfant, vous en êtes le maître.

CÉSARINE à part

Son enfant. Quel présage!

DURVILLE.

Ardeur, activité.
Voilà les vrais gens de la reconnoissance.
On n'a pas le talent toujours en sa puissance,
Mais le zèle y supplée, & je me trompe fort
Ou le talent, le zèle en vous tout est d'accord.
Pour votre traitement, aucune inquiétude
De bien récompenser, je fais ma douce étude,
Et tous deux nous serons contents.
Il me reste à remplir quelques soins importants.
Adieu : si l'ami vient, je t'en charge, ma fille.
Tu lui diras qu'à dîner je l'attends.
à Victor Vous aussi : d'aujourd'hui soyez de la famille.

SCENE IX.

Les précédens, monsieur de la ROCHE, madame
LEBON.

LA ROCHE entrant, à part.

C'est lui. (haut) Mille & mille pardons,
Monsieur, mais une affaire entraîne.

DURVILLE.

Laissez donc, monsieur; pas la peine.
Tous les jours nous nous attendons
Ou l'un ou l'autre. Au fait, j'ai reçu votre lettre,
Je suis venu. C'est bien. Vous voilà ; bien aussi :
Mais pour dîner chez moi, ma fille que voici
Vous amène, & c'est mieux.

LA ROCHE.

Dois-je ôser me permettre.

DURVILLE.

Vous vous êtes permis d'oser me déranger.
Donc je crois que chez moi vous pouvez bien manger

LA ROCHE.

Écoutez.

DURVILLE.

Non ; ici je ne veux rien entendre.
Ma fille , conduits-les. Il n'est pas encor tard.
Je ne me ferai point attendre.
à part J'ai vu mon ami quelque part. *Il sort.*

LA ROCHE *à part.*

Digne homme ! il est toujours le même,
Il m'est bien doux de le revoir.

CŒSARINE.

Vous avez entendu , messieurs , l'ordre suprême.
Partons.

VICTOR *à part.*

Quel embarras extrême.
(*haut*) Où me conduisez-vous ?

CŒSARINE *impérieusement.*

Paix... A votre devoir.
Bas à Mme. Lebon. Un mot , madame.

Madame LEBON.

Bon ; dans peu je vais vous suivre.
(*Elle sort*)

CŒSARINE *bas à Victor.*

Je vois qu'il faut qu'enfin l'on vous apprenne à vivre,
Entêté. (*à la Roche*) je m'en vais vous montrer le chemin ,
Monsieur. (*à Victor*) Obéissez , & donnez-moi la main.

Fin du premier Acte.

ACTE II.

SCENE PREMIERE.

*Le théâtre représente un beau Salon de la Maison
de Monsieur Durville.*

CŒSARINE, monsieur de la ROCHE , VICTOR ,

CŒSARINE.

Mon père ici , messieurs , ayant peu va se rendre ;

Supportez un moment d'ennui.

LA ROCHE.

Au, près de vous madame; il est doux de l'attendre.

CŒSARINE.

Allez-vous m'appeller madame devant lui ?
Ah ! ne plaisantez pas !

LA ROCHE.

Pardon mademoiselle ;
J'ai donné ma parole & j'y serai fidèle.

CŒSARINE.

C'est qu'avec moi mon père est si bon , que je crains
De causer à son cœur les plus légers chagrins.
D'ailleurs vous n'avez pas d'intérêt à me nuire ;
Ainsi de mon secret il ne faut pas l'instruire.

LA ROCHE.

Ah ! connoissez mieux les marins ,
Quand leurs jours dépendroient d'un manque de parole,
Ils périroient plutôt que de trahir leur foi ;
La probité , l'honneur ; des marins tels que moi
N'ont jamais eu d'autre boussole.

CŒSARINE.

Me voilà rassurée (à Victor) Eh ! bien ! muette idole !
Avec votre air intéressant ,
Ce maintien triste & froid est assez peu décent ,
Je vous en avertis.

VICTOR.

J'écoute.

LA ROCHE.

Pour son âge.
Cet aimable jeune homme a l'air bien sérieux ,
Qu'a-t-il ?

CŒSARINE.

Bon , c'est un soucieux
Qui fait le grave personnage
Ce qu'il a ? demandez le lui ;
Lui-même il n'en sait rien , je gage,
Vous saurez , monsieur, qu'aujourd'hui
Mon père avait besoin d'un commis, je propose

Ce philosophe là ; bref, j'arrange la chose ;
Sa superbe écriture & son air de raison,
Le font en un instant admettre à la maison,
A la table & qui sait peut-être, à la fortune :
Travailler pour mon père à coup sûr en est une ;
Eh bien ! malgré cela, monsieur, n'est pas content ;
Que lui faut-il de plus ?

LA ROCHE.

     Son écriture est belle ?

CŒSARINE.

Oui, monsieur, vous pouvez en juger à l'instant
Tenez. (*Elle lui donne un papier.*)

LA ROCHE.

  Dieux ! quelle main ! mada.... mademoiselle
J'ai perdu le moment & j'en suis bien fâché ;
C'est ce qu'il me fallait. Je veux pour mon navire,
Qui part incessamment, quelqu'un qui puisse écrire
Aussi bien que monsieur, mais il est attaché
A mon meilleur ami.

VICTOR (*à part.*)

   Qui part ! douce espérance,
Si je pouvais !...

CŒSARINE.

  Malgré son air d'indifférence
Pour son entrée ici, puisqu'enfin l'y voilà,
Nous garderons, monsieur, ce triste talent là.

LA ROCHE.

En priver mon ami ! que le ciel m'en préserve !
   Et que long-temps il se conserve,
  Car il écrit on ne peut mieux.
  Mais Durville s'offre à mes yeux !
Je voudrais qu'il fut seul !

CŒSARINE.

   Eh bien ! je me retire.

SCENE II.

Les précédens, monsieur DURVILLE.

CŒSARINE.

Monsieur a, sans témoins, quelque chose à vous dire,
Mon père.   **DURVILLE.**

DURVILLE.
Eh bien ! .... C'est bon, attendant le dîner,
A son appartement tu n'as qu'à le mener.

COESARINE.
J'y pensais.

DURVILLE.
En toi ce que j'aime,
C'est qu'à tout je te vois penser.

COESARINE.
Et soit dit sans vous offenser,
Mon père, quelquefois un peu plus que vous même.

DURVILLE.
Allons, allons, c'est bon, part.

COESARINE.
Sans vous embrasser.

Ah !...

DURVILLE *l'embrassant.*
Dépêche toi donc, ou je vais te chasser.

COESARINE *avec gentillesse.*
Paix, me voilà partie.   *Elle sort avec Victor.*

SCENE III.

M. LA ROCHE, M. DURVILLE.

LA ROCHE.
Aimable créature !

DURVILLE.
Ma fille ! ah ! jamais la nature
Ne fit rien de pareil. Seule dans ma maison,
C'est elle qui fait tout, sans effort elle allie
La plus estimable raison
A la plus bizarre folie :
C'est un petit démon, une espiègle, un bijou,
Bref, un enfant gâté, car d'honneur j'en suis fou ;
Mais enfin, si je ne m'abuse,
Il est temps de venir à vous.
Pardon, monsieur.

LA ROCHE.
Suivez un entretien si doux,

D

Parler de ses enfans , d'un bon père est l'excuse.

DURVILLE

J'ai dit assez & trop. C'est un de mes amis
Que je dois voir en vous, si j'en crois votre épître ,
Du vôtre en même temps vous me donnez le titre
C'est fort bien ; mais voyons , il doit m'être permis
De demander comment…

LA ROCHE.

Le cœur est un arbitre
Qui juge sainement , que dit le vôtre ?

DURVILLE.

Mais
Lorsque je vous regarde il dit bien quelque chose.

LA ROCHE.

Examinez en bien la cause ;
Suis-je pour vous de ceux que l'on ne vit jamais ?

DURVILLE.

Pas du tout
Et j'ai même une confuse idée
Qui me dit..

LA ROCHE.

Va , tes yeux sont seuls dans l'embarras,
Mais par le sentiment ton âme est bien guidée ;
Durville , mon ami, Rupierre est dans tes bras.

DURVILLE.

Rupierre ! mon ami ! quoi, c'est toi?

LA ROCHE.

C'est moi-même.

DURVILLE.

Ainsi que mon bonheur ma surprise est extrême ;
Eh ! pourquoi sur-le-champ ne pas venir chez moi,
Avec ton vieil ami , pourquoi ce stratagème ?
Cher Rupierre.

LA ROCHE.

En deux mots tu sauras ce pourquoi ;
Surtout garde toi bien de me nommer Rupierre ,
Ecarte le flambeau d'un dangereux mystère,
A présent la Roche est mon nom.

DURVILLE.

La Roche ! capitaine en ce moment en rade ?

LA ROCHE.

Eh ! oui.

DURVILLE.

Parbleu : le trait est bon.
Ecoute, mon cher camarade
A la bourse en venant j'ai trouvé cet écrit.
Et sur-le-champ je l'ai transcrit.

(*Il lit.*)

« Trente mille livres argent comptant à ceux ou celles
» qui pourront donner des nouvelles du nommé Eugène
» de Ro....erre, âgé d'environ 20 à 21 ans : s'adresser au
» sieur de la Roche , capitaine du navire *la Léguine* ,
» à son allége en rade ou à son logis chez madame le
» Bon , près le port, porte de la Bourse ».
Ce nom m'avait frappé ; dans l'instant, j'ai pris note
De l'intéressante anecdote.
L'esprit embarrassé, mais me promettant bien
De chercher ton Eugène & de n'épargner rien
Pour retrouver ce fils déjà de ma famille.
Car si tu t'en souviens c'est l'époux de ma fille.

LA ROCHE.

Des souvenirs si pleins d'appas
Sont de ceux , mon ami, qui ne se perdent pas.
Nous dinions tous deux seuls près de notre demeure
Quand on vient nous porter l'avis
Que ma femme venait de me donner un fils ,
Et que la tienne à la même heure
Te donnait une fille, enchantés & ravis ,
Nous courions ; soudain , tu m'arrêtes
Un moment, cher ami , dis-tu , voici pour nous
L'instant du bonheur le plus doux
Et la plus touchante des fêtes.
Oui, que dès le berceau nos enfans soient époux,
Ce projet m'étourdit ; je fus presque jaloux
De n'en avoir pas eu l'idée.
L'affaire entre nos cœurs fut bientôt décidée ;
Nous fîmes un écrit : j'ai conservé le tien,
Et mon ami sans doute a bien gardé le mien.

DURVILL (*tirant son porte-feuille*).

Comment. Est-ce que l'on égare
Des monumens si précieux !

Je l'ai gardé comme mes yeux,
Et jamais e ne m'en sépare.
Mais où diable est-il donc? voyons, cherchons encor
De l'amitié c'est le trésor ;
C'est le plus beau de tous !

L A R O C H E.

Ajoute & le plus rare.

D U R V I L L E.

Je ne le trouve point.

L A R O C H E.

Ce n'est pas l'embarras,
Mon cher, tu le retrouveras
Sans doute avec bien moins de peine
Que moi mon fils, mon pauvre Eugène
ne je n'ai pu presser qu'un instant dans mes bras,
Que je n'ai vu qu'enfant, qui ne me connait pas ;
D'un père voyageur la fortune incertaine,
Loin des plus chers objets, souvent porte les pas.
Un duel, les malheurs dont le sort dans sa haine
Nous condamne à trainer la déplorable chaine.
Combien de fois ! grands dieux ! j'ai voulu le trépas;
J'ai vécu pour mon fils, c'est lui qui me ramène;
L'espoir de le revoir à pour moi tant d'appas
Que tout entier mon cœur s'y livre :
Pour ménager ici de puissans intérêts ;
Pour qu'en paix on m'y laisse vivre,
Comme oncle de mon fils prudemment je parais,
Lui rapportant tout l'héritage
De son père expiré dans son dernier voyage.

D U R V I L L E.

Rien de mieux ni de plus prudent ;
Je l'observerai cependant
Que de revoir ton fils l'espérance est peu sage,
Car depuis ces douze ans, bref qu'est-il devenu ?
Un pauvre enfant, un inconnu
Tombé probablement au sein de la misère.

L A R O C H E.

Arrête, mon ami, tu parles à son père.

D U R V I L L E.

Pardonne; ah ! je suis loin de vouloir t'affliger;
A reflechir pourtant je prétends t'obliger.

Ton fils vit ou n'est plus. Or, s'il a cessé d'être,
Il n'en faut plus parler. S'il vit où le trouver ?
      Même comment le reconnaître.
Ton fils est amoureux ou marié peut-être.
Voici donc mon avis que tu dois approuver ;
L'accord fait entre nous, Cæsarine l'ignore ;
A quarante cinq ans te voilà jeune encore ;
Le nœud le plus étroit pour nous est le plus doux ;
      De ton fils, viens prendre la place
      Et de ma fille soit l'époux.

(*Ici Cæsarine et Victor paraissent au fond sur*
le dernier vers seulement.)

LA ROCHE.

      Mon digne ami je te rends grace
Ta fille a des attraits bien vrais, bien séduisans ;
La nature l'orna de ses plus beaux présens ;
      Je le sens à travers la glace
Que déjà sur mon cœur amoncelent les ans ;
Je pourrais bien l'aimer, la chose est trop facile,
      Mais dans un semblable lien
      Tu conçois qu'ainsi que le mien
Il faut malgré l'accord que son cœur soit docile.
      Or, cela ne se peut en rien,
      Car d'abord je sais me connaître
Et puis ta fille....

SCENE IV.

Les précédens, CŒSARINE, VICTOR.

CŒSARINE *à part.*

Allons, il est temps de paraître.
(*Haut*) Sa fille : marin franc, homme de probité,
      De qui l'honneur est la boussole,
Qui préférez la mort au manque de parole,
Sa fille se soumet avec docilité,
Et vous épouse.

    DURVILLE *avec joie à la Roche.*
    Eh bien ?

    LA ROCHE *regardant Cæsarine.*
    Avec sévérité,

On me juge ici sans m'entendre ;
Il eut été prudent d'attendre
Pour bien savoir la vérité.

DURVILLE.

Je ne comprends pas trop quel langage est le vôtre,
C'est que je vois clair, c'est....

CŒSARINE.

        Ma curiosité
N'est-ce pas, cher papa ?

DURVILLE.

        Tu n'en fait jamais d'autre,
Ecouteuse éternelle !

CŒSARINE.

        Ah ! ah cela m'instruit.

DURVILLE.

        Mais ton procédé n'est pas sage ,
Ta curiosité te nuit.
Ecoutant plus long-temps tu savais davantage.

CŒSARINE.

Soit, mais vous saviez trop.

LA ROCHE.

        J'ose vous répéter.
Qu'il n'eut tenu qu'à vous de mieux m'interpréter.

CŒSARINE.

Allons... Bon. Je vous crois, même je vous épouse ;
Obéir à mon père est mon premier devoir ,
Ou plutôt un plaisir dont je suis si jalouse ,
Que je marche à l'autel dès qu'il me fera voir (*finement*)
L'accord dont vous parliez, qu'il dit en son pouvoir.
Je ne sais pas trop bien quel accord ce peut-être ,
Mais je consens à tout si je le vois paraître.
Eh bien ! voilà je crois de la docilité ,
        Et je suis bien obéissante ;
Qu'en pensez-vous, papa ?

DURVILLE.

        La rareté m'enchante
Je peux trouver l'écrit avec facilité :
Il est probablement dans quelque sécretaire ;
Je m'en vais le chercher, et d'ailleurs, sans mystère:
S'il ne se trouve point, j'en sais le contenu ,
Et je te le dirai....

CÉSARINE.
Non pas, non pas, mon père....
Si l'écrit, me regarde, il doit m'être connu ;
C'est juste.

DURVILLE.
A la bonne heure ; on va te satisfaire.
(*A la Roche*) Nous, en attendant le dîner,
Allons parler de notre affaire ;
Viens dans mon cabinet ; on n'aura qu'à sonner
Quand il sera temps de descendre.
     (*Il sort avec la Roche.*)

CÉSARINE.
Oui, mon père, je n'ai qu'un coup d'œil à donner
à Victor Vous, monsieur, je reviens : il faut ici m'attendre.
Adieu. (*elle sort.*)

SCENE V.

VICTOR (*seul.*)
Me voilà seul, enfin.
Où suis-je, je me cherche & je me cherche en vain ;
Comment ! c'est de ce lieu qu'on a fait ma demeure !
Il me faudra l'entendre & la voir à toute heure
Et pouvoir supporter cet état dangereux !
Ah ! l'excès du bonheur peut rendre malheureux ;
Je le sens ; non, Victor ; arme-toi de courage ;
Tu ne pourrais jamais résister à l'orage :
Tes yeux, ton embarras, un soupir indiscret,
Un rien à leurs regards trahirait ton secret.
Fuyons ; oui, partons au plus vite,
Quand on voit le danger, l'honneur veut qu'on l'évite.
Ce marin généreux qui cherche un écrivain ;
Mon effort près de lui pourrait n'être pas vain :
De mon cœur insensé je dirais le mystère,
Il me paraît si bon qu'il me verrait en père.
Je voudrais comme un fils le payer de retour.
D'ailleurs, peut-être dès ce jour
Digne époux de ma bienfaitrice.
Éloignons cette idée... Elle accroît mon supplice
Fuis, Victor, & fais taire un criminel amour.
Que dis-je ! abandonner Césarine & son père

Dans l'instant du besoin, tandis qu'on me préfère,
Que l'on daigne m'offrir un honorable état;
Et fuir comme un lâche, un ingrat,
Après tant de bienfaits! ah! tout me désespère!
Et tout m'inspire un juste effroi.
Fortune à qui je dois les malheurs de ma vie,
Même dans tes faveurs, toi qui l'as poursuivie
Que veux-tu donc faire de moi?

SCENE VI.

Madame LEBON, VICTOR.

Madame LEBON *à part.*

Je sais tout à présent. La trame est bien ourdie,
Et le trait à coup sûr n'est pas d'une étourdie;
Mais voici Victor; taisons-nous.
Ah! bon jour, mon enfant. Vous trouverez chez vous
Tous vos petits effets. L'aimable Cœsarine
Les a fait elle-même arranger proprement
Dans votre nouveau logement
Vous l'avez trouvé bien.

VICTOR.
Que trop!

Madame LEBON
Mais j'imagine,
Mon enfant, qu'il n'est rien de trop joli pour vous.

VICTOR.
Vous savez mon secret : je puis donc entre nous
Vous dire que le sort qu'ici l'on me destine
Pour moi serait cruel à force d'être doux.
J'aime ma bienfaitrice ou plutôt je l'adore;
Je ne pourrais cacher le feu qui me dévore,
Je veux partir.

Madame LEBON.
Mais de ce feu,
Que probablement elle ignore;
Faut-il vous répéter encore
De lui faire au plutôt l'aveu.
Dites bien franchement à votre jeune mère,
Qui constamment de vous eut un si tendre soin,
Que

Que votre cœur éprouve une douleur amère
D'avoir osé porter ses sentimens trop loin;
Qu'un vif amour se mêle à la reconnaissance,
Et que vous projettez une éternelle absence
Pour vous punir. Alors elle vous blâmera,
   Ou bien aura quelqu'indulgence.
Vous verrez en tout cas ce qu'elle répondra.

    V I C T O R.

Grands dieux! moi lui parler d'un amour téméraire!
Non, madame, il vaut mieux m'éloigner & me taire,
Si vous avez pour moi quelqu'amitié,
   Ou simplement de la pitié,
   Vous devez aider à ma fuite.

  Madame L E B O N, *sévèrement:*

Je ne plaisante plus. Quelle est cette conduite,
Monsieur? Quoi, vous voulez au nom d'un faux honneur
A votre bienfaitrice enlever son bonheur?
Quoi, de faire le vôtre, elle fit son étude
Et vous l'en puniriez par tant d'ingratitude?
Son fils à son insçu s'éloignant sans témoins,
Voudrait lui dérober l'objet de tous ses soins.
Réfléchissez, Monsieur; sa juste récompense
Est dans votre bonheur & dans votre présence;
Si vous croyez brûler d'un téméraire amour,
Vous êtes sûr au moins que la reconnaissance
   Doit vous enflâmer sans retour.
Eh bien, apprenez donc quel devoir est le vôtre,
De ces deux sentimens vous désapprouvez l'un.
Commandez à celui qui vous est importun;
Que votre mère au moins puisse jouir de l'autre.

    V I C T O R.

   Ah! que ne puis-je en triompher!
Mais il est des penchans qu'on ne peut étouffer.

    Madame L E B O N.

Des plus puissans efforts un cœur noble est capable;
Eh! qui vous peint d'ailleurs votre amour si coupable?
Celle que vous aimez doit seule en décider.

    V I C T O R.

Vous ne savez donc pas qu'elle vient d'accorder
Sa personne & sa main.

    Madame L E B O N.

    A qui donc (*à part.*) Je suis forte
A présent. Je sais tout.   E

VICTOR.

        À l'honnête étranger
Qui vint hier chez vous.

Madame LEBON.

         Eh ! bien , que vous importe ?

VICTOR.

Que m'importe ! grands dieux ! tout vient de s'arranger
Moyennant un papier que doit avoir son père
Et qui se trouvera.

Madame LEBON.

        Bien sûr (à part.) J'en désespère.

VICTOR.

   Trop sûr, hélas ! pour mon malheur !

Madame LEBON.

Eh bien ! Mademoiselle en verra le valeur ;
Et de tous ses devoirs , comme elle est très-jalouse,
Sitôt qu'il paraîtra , je réponds qu'elle épouse.

VICTOR.

Eh bien ! vous le voyez , tout presse mon départ.

Madame LEBON.

Tout vous dit de rester.

VICTOR.

       Quoi , Madame , pour être
Témoin ?

Madame LEBON.

   De tout, Monsieur , c'est un léger retard ;
Vous partirez après , vous en serez le maître.

         (Ici Cœsarine paraît.)

VICTOR, avec feu.

Je vois que de mes maux , vous vous faites un jeu ,
Madame ; eh bien , je cours près de monsieur Dorville,
De tous mes sentimens , je lui ferai l'aveu ;
Je lui dirai : Monsieur, la feinte est inutile ;
     Je ne puis accepter l'asyle
     Que vos bontés daignent m'offrir ;
     Ici , j'aurais trop à souffrir ;
Je troublerais la paix d'une honnête famille,
Car , en un mot , Monsieur , j'adore votre fille :
Elle à qui je dois tout , qui m'a fait exister ,
Dont chaque instant pour moi fut un bienfait insigne.

Ah ! Monsieur, pour l'aimer il faut le mériter.
　　　Je sens que je n'en suis pas digne.
D'un téméraire amour vous devez me punir ;
Vengez-là , vengez-vous, & daignez me bannir.

Madame LEBON.

Ah ! si vous lui parlez avec cette éloquence,
D'un semblable discours je vois la conséquence :
Je vois qu'il pourra prendre un parti sérieux.

VICTOR.

Lais sez-moi pour jamais m'éloigner de ces lieux.

Madame LEBON.

　　　Rentrez... Voici Mademoiselle ,
A qui je prétends rendre un compte très-fidèle
De notre agréable entretien.

VICTOR.

Grands dieux ! vous lui diriez ?

Madame LEBON.

　　　　　Suis-je femme pour rien.

VICTOR, (au désespoir.)

Je suis perdu ; fuyons.　　　　　(Il veut fuir.)

SCENE VII.

Les précédens, CŒSARINE, arrêtant VICTOR.

CŒSARINE.

　　　Où courez-vous, si vîte?

Madame LEBON.

　　　C'est un monstre qui vous évite
Et qui veut vous jouer le tour le plus sanglant.

CŒSARINE.

Un tour à son amie !

VICTOR à part.

　　　Ah ! je suis tout tremblant !

CŒSARINE.

Quel tour ?

Madame LEBON.

Monsieur médite une éternelle absence,
Et vous fuit par reconnaissance ?

　　　　　　　　　E 2

CŒSARINE.
Il me fuirait ?

Madame LEBON.
Dès aujourd'hui.

CŒSARINE.
Lui, me fuir dans la circonstance
Où j'ai le plus besoin de lui.
Eh ! quelle est sa raison ?

Madame LEBON.
Avec un peu d'instance
Vous le saurez sans doute.

VICTOR (à *Madame Lebon.*)
Ah ! cruelle !

Madame LEBON.
Tant mieux,
Entêté (à *Cæsarine.*) Je vous laisse & vais à mes affaires.

SCENE VIII.

CŒSARINE, VICTOR (*anéanti.*)

CŒSARINE.
Quoi ! vous voulez fuir de ces lieux ?
Victor ? que vous a fait la plus tendre des mères ?

VICTOR.
Elle a fait trop de bien au plus ingrat des fils ;
C'est pour la venger que je fuis.

CŒSARINE.
Quel que soit votre crime, ami de l'indulgence,
Un cœur bien maternel connaît peu la vengeance ;
Mais fuir dans ce moment où j'ai besoin de vous,
Victor, est le plus grand de tous.

VICTOR.
Ah ! disposez de moi ! tout mon sang ! tout mon être.

CŒSARINE.
Non, rien de tout cela. — Je vais prendre un époux ;
A ma nôce, il faudra paraître :
Sans vous, on n'y peut rien. — Car, j'espère entre nous,
Que mon fils m'y rendra quelque petit service.
Faites-vous des vers ?

VICTOR.
Moi !

CORSARINE.
Parlez sans artifice.

VICTOR.
Ah ! pour être poëte , il faut qu'on soit heureux.

CORSARINE.
Ou malheureux , peut-être , & sur-tout amoureux.
(tirant un porte-feuille.)
Voici du moins des vers qui paraissent le dire ;
Voudriez-vous bien me les lire ?

VICTOR les reconnaissant.
Ciel !

CORSARINE.
L'écriture est bien ; la reconnaissez-vous ?

VICTOR interdit.
C'est la mienne.

CORSARINE.
Et les vers ?

VICTOR.
De mon devoir jaloux,
Je ne tromperai point ma tendre bienfaitrice.
Ils sont de moi.

CORSARINE.
Fort bien — Donc, vous faites des vers ?
Donc, ce serait un peu caprice
Si vous m'en refusiez , mon ami.

VICTOR à part.
Je m'y perds.

CORSARINE.
De l'hymen , aujourd'hui , les nœuds me sont offerts ,
Et je compte sur vous pour mon épithalame.
Lisez en attendant.

VICTOR (à part consterné.)
Je sens briser mon ame.
(haut.) Daignez m'en dispenser. Ce serait vous trahir ;
Car ces vers-là sont détestables.

CORSARINE.
Ils ont au moins l'art d'éblouir ,
Car je les ai trouvés moi plus que supportables.
Lisez-les, s'il vous plait.

VICTOR *à part.*

(*Il lit.*)   Dieux ! il faut obéir.

C   Ce n'est point la seule nature,
Æ   Aeglé, qui donne l'art des vers ;
S   Sans le savoir & sans culture,
A   Amour fit mille auteurs divers;
R   Rien à l'amour n'est impossible;
I   Il en est ainsi du malheur ;
N   Nul malheureux n'est insensible,
E   Et le sentiment rend auteur.

CŒSARINE.

Fort bien, être à la fois malheureux & sensible
Voilà ce qui, des vers, vous rendit l'art possible ;
Mais être bien sensible est-ce un bien grand malheur ?

VICTOR.

Quelquefois on l'est trop (*à part*) j'en appelle à mon cœur.

CŒSARINE.

Eh ! mais Victor ! peut-on trop l'être ?
Répondez.

VICTOR.

Je le crains plus que je le ne crois.

CŒSARINE.

Vous répondez bien cette fois.
Revenons à vos vers, & faites moi connaître
Pourquoi ces lettres-ci qui les commencent tous
Semblent former mon nom ; tenez, remarquez-vous ?
Lisez du haut en bas, cela fait *Cœsarine.*

VICTOR *embarrassé.*

Le hazard.

CŒSARINE

Le hazard ? — A ce que j'imagine,
Si je le supposais, vous en seriez fâché.

VICTOR.

Eh bien ! je dois pour vous n'avoir rien de caché.
Il est vrai, j'en cherchai le touchant assemblage;
Celle à qui je dois tout, doit souffrir sans rigueur
Que son nom, que sa douce image,
N'abandonnent jamais mon esprit ni mon cœur.

CŒSARINE.

Eh bien, soit ; j'aime qu'on s'explique.

Vous avez de ces vers fait aussi la musique ;
Mais ne la chantez pas, mon ami, car je vois
      Que vous n'êtes pas trop en voix.
Ce portrait que voici. — L'on dit qu'il me ressemble.

VICTOR.

On n'a rien oublié ; grands dieux !

COSARINE.

          Que vous en semble ?

VICTOR *à part.*

Il est temps de parler. — Je ne puis retenir
      L'aveu d'un secret qu'on m'arrache,
Et ce n'est qu'en parlant que je puis me punir.

COSARINE.

Qu'avez-vous ?

VICTOR *avec force.*

      A vos pieds, voyez tomber un lâche
      Que pour prix de tous vos bienfaits
A commis envers vous le plus grand des forfaits.
J'ose aimer.

COSARINE *avec une sévérité jouée.*

      Quoi, Monsieur, sans l'aveu d'une mère ;
Un enfant comme vous ! aimer ! Qui ? s'il vous plaît ?

VICTOR *à part.*

      Ah ! mon désespoir est complet !
(*haut*) N'exigez-pas de moi l'aveu d'une chimère ?

COSARINE.

Non, Monsieur ; vous aimez ; je veux savoir qui c'est ;
      C'est bien, je crois, la moindre chose.
Que du cœur de mon fils à mon gré je dispose.
Si l'objet vous convient, on verra.

VICTOR.

          Non, c'est vous.

COSARINE.

Comment ! jeune indiscret. — C'est moi, moi !

VICTOR.

          C'est vous-même.
C'est ma tendre mère que j'aime.
Je mérite tout son courroux.
Ainsi je refuse l'asyle

Qu'on m'offrit en ces lieux ; sans retour je m'exile ;
Bien assez puni désormais,
En vous aimant toujours, de ne vous voir jamais.

CÉSARINE *affectant une grande colère.*

Quoi, Monsieur, vous osez m'aimer & me le dire ;
Vous osez plus, ingrat, me le dire & me fuir !
Ah ! je suis indignée. — A peine je respire.
Mon père saura tout, (*riant à part et se retenant.*)
N'allons pas nous trahir.

VICTOR *à part*

Je l'avais bien prévu (*haut*) Grands dieux, Mademoiselle.

CÉSARINE.

J'instruirai mon époux aussi.

VICTOR.

Épargnez à mon cœur cette atteinte mortelle.

CÉSARINE.

Non, pour la lui porter, je suis assez cruelle,
Et cela dans l'instant. — Justement le voici.

SCENE XI.

Les précédens, DURVILLE, LA ROCHE,

VICTOR *à part.*

Je suis perdu.

DURVILLE (*criant.*)
D'honneur cela me désespère,
Un chiffon de papier introuvable.

CÉSARINE.

Eh ! mon, père !
Quoi vous ne l'avez pas trouvé ?

DURVILLE.

Eh non ! quelque lutin l'a sans doute enlevé.

CÉSARINE *à part.*

Cela se pourrait bien.

DURVILLE *à la Roche.*

Mais qu'à cela ne tienne ;
J'ai perdu ma copie ; il te reste la tienne,
Et pour finir tout embarras
A l'enfant tu la montreras.

CÉSARINE.

CŒSARINE.

Oh! ce n'est pas la même chose.
Mon père, vous savez la clause ;
Elle est juste. — Ah! vraiment s'il fallait, dans des cas,
Intéressants & délicats,
Ne prendre pas plus de mesures,
Entre nous, serait-on des affaires bien sûres ?
Et si l'on passe à l'examen,
Quoi de plus important que celle de l'hymen ?
Mais il se trouvera bientôt, je le parie,
Ce papier desiré, car je vous fais l'aveu
Qu'il est temps que je me marie.

DURVILLE.

Ah ! pour le mariage à la fin tu prends feu.
Est-ce encore quelqu'espiéglerie ?

CŒSARINE *regardant malignement Victor.*

Non, mais c'est qu'un jeune homme enfin pourrait m'aimer;
Je le dis sans supercherie,
Et tout sert à me confirmer
Qu'il ne faut jamais enfermer
Un loup dans une bergerie.

DURVILLE.

Vraiment c'est parler d'or. Allons diner, mon cœur ;
Vient, mon ami Ru... non, la Roche ;
Ce diable de nom-là fait toujours anicroche.

LA ROCHE *bas à Durville.*

Songe, qu'à lui tient mon bonheur.

DURVILLE.

J'y prendrai garde. Eh bien ! pensez-vous à nous suivre ?

CŒSARINE.

Nous voici (*à Victor*) d'un grand poids, Monsieur, je
vous délivre ;
Mais n'ayez pas l'espoir trompeur,
D'en être désormais quitte ainsi pour la peur.

(*Elle emmène Victor ; pantomime entr'eux très
aisée à sentir.*)

Fin du second Acte.

F

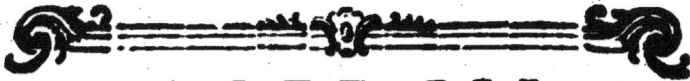

ACTE III.

SCENE PREMIERE.

Même décoration qu'au second Acte.

VICTOR *seul.*

J'ai saisi le moment où ma cruelle mère
Allait exécuter un ordre de son père ;
Pour dire au bon marin placé tout près de moi
Qu'après diner , j'avais un important mystère
À lui communiquer.— Il m'a donné sa foi ;
Je l'attends. Avec lui je veux être sincère ;
Je dirai franchement que je suis son rival ;
　　　Que mon départ est nécessaire.
Et vous objet charmant, à mon repos fatal ,
Qui m'avez fait , hélas, tant de bien , tant de mal !
　　　Quel ordre barbare est le vôtre.
De toutes vos bontés , voulez-vous me punir ?
Laissez-moi m'exiler. — Rien ne peut nous unir.
Mais , vous voir dès ce jour la compagne d'un autre !
Loin de vous , pour jamais , j'aime mieux me bannir.
On vient : c'est l'étranger.

SCENE II.

LA ROCHE, VICTOR.

LA ROCHE.

　　　　　　Fidèle à ma parole ,
Me voici. Nous pourrons causer en sûreté.
Le père est en conflict avec l'aimable folle,
Et je me suis sauvé. — Parlez en liberté.
　　　Serait-ce un service à vous rendre?
　　　De tout cœur , je m'y sens porté ,
　　　Et je suis prêt à vous entendre.

VICTOR.

Le service que j'ose attendre

Ah! c'est, Monsieur, le plus pressant de tous;
Daignez me pardonner ma confiance en vous.

LA ROCHE.
Cette confiance m'honnore ;
Si je puis vous servir , je le répète encore ,
Vous ne l'avez pas eue envain.

VICTOR *avec sentiment.*
Ah! Monsieur, j'entrevois un terme à ma disgrace!
Vous aviez, disiez-vous , besoin d'un écrivain ,
Et moi j'ai besoin d'une place.

LA ROCHE.
N'en avez-vous pas une en ce lieu , dès ce jour ?

VICTOR.
Eh ! c'est elle , Monsieur , c'est elle qui me chasse,
Je ne mérite pas d'habiter ce séjour.

LA ROCHE.
Je ne vous entends point.

VICTOR.
Je vous dois ma franchise ;
Nous sommes seuls.

LA ROCHE.
Oh! oui. — Les voilà dans la crise.
Il s'agit de mes nœuds avec l'aimable enfant.
Le père le voudrait ; la fille s'en défend.
Le combat sera long. — Parlez. Allons , courage.

VICTOR.
De Cœsarine en moi , Monsieur, voyez l'ouvrage.
La plus noble compassion
A mes jeunes malheurs sut la rendre sensible ;
Pour moi , depuis sept ans , elle a fait l'impossible,
Et je lui dois enfin mon éducation.

LA ROCHE.
Elle n'a pas perdu sa peine,
Ce me semble... Achevez.

VICTOR.
Son âme tendre , humaine ,
De toutes ses bontés devait avoir le prix.

LA ROCHE *avec intérêt.*
Elle l'a ?

F 2

VICTOR.

Non ; au lieu de la reconnaissance,
De ses attraits mon cœur épris
D'un autre sentiment éprouve la puissance ;
Je mourrai de ce sentiment
Si je ne l'avais pas. — Ah ! je mourrais de même.
Ah ! Cœsarine, objet charmant !
Dès qu'on te voit, il faut qu'on t'aime ;
Mais devait-ce être moi ! de ma douleur extrême,
Monsieur, daignez prendre pitié !
Daignez m'accorder cette place !
Que pour expier mon audace,
Je parte & pour jamais.

LA ROCHE.
Faites-moi l'amitié
De bien apprécier votre délicatesse,
Elle est noble en un sens, même elle a sa justesse ;
Vous croyez dans vos feux trop de témérité ;
Cela peut être. — Mais disons la vérité.
De peur de l'offenser si vous fuyez la fille,
Qui vous place elle-même au sein de sa famille,
Devez-vous fuir le père, homme sensible & franc
Qui, de son fils, chez lui vous assigne le rang,
    (Vous savez qu'il l'a dit à table)
Et qui même a de vous un besoin véritable.

VICTOR.
Hélas ! pour lui, Monsieur, je donnerais mon sang !
Je me suis assez dit tout ce qu'on peut me dire ;
Mais j'empoisonnerais l'air qu'ici je respire.
J'y mourrais. J'aime mieux aller mourir ailleurs ;
Bref, c'est un parti pris.

LA ROCHE.
S'il n'est pas des meilleurs,
Il me paraît au moins qu'il a bien pris racine.
Allons, cela me détermine ;
Je juge par votre chaleur
Que vous vous porteriez à quelque coup de tête ;
Il faut prévenir ce malheur ;
Vous avez du talent ; votre cœur est honnête,
Et puisque mon ami doit renoncer à vous,
M'enrichir de sa perte au mieux sera plus doux.

Je dois ici rester encor une quinzaine,
Au bout de ce temps-là , Monsieur, je vous emmene.

VICTOR.

Une quinzaine. -- Expliquons-nous !
Moi ! qu'en ces lieux encore quinze jours je demeure !
Monsieur, je suis perdu si j'y reste un quart d'heure.

LA ROCHE.

Pourquoi ?

VICTOR.

N'allez-vous pas devenir son époux ?
Souffrez à votre bord que j'aille vous attendre ,
Que je parte à l'instant.

LA ROCHE.

Vous êtes si pressant
Et si pressé qu'il faut me rendre.
(à part) Le singulier jeune homme est bien intéressant.
(haut.) Au Hâvre, en ce moment , j'ai laissé mon navire;
Je n'ai que mon canot. — Mais je m'en vais écrire
Au pilote qui le conduit
Qu'il vous reçoive à bord & parte cette nuit.
Cela vous convient-il ?

VICTOR.

Vous me rendez la vie !
Pourrai-je reconnaître , au gré de mon envie
Un bienfait.

LA ROCHE (écrivant.)

Votre nom ?

VICTOR.

Victor , voilà celui
Qu'on m'a donné.

LA ROCHE.

Fort bien : mais le nom de famille ?
Il est nécessaire , aujourd'hui
D'inconnus & d'intrus l'amirauté fourmille ,
Et ce sont des abus qu'elle cherche à prévoir (il écrit.)

VICTOR.

Mon nom , Monsieur, est un mystère ;
J'ai fait le serment de le taire.
Et tenir ma parole est mon premier devoir.

LA ROCHE.

Soit, passe pour Victor. (*à part.*) Devoir ou stratagème,
Il me convient. -- De nom j'ai bien changé moi-même.
(*haut.*) Tenez, voilà l'écrit. -- Ma chaloupe est au port ;
Justement vis-à-vis la porte de la bourse.
L'adresse vous dit tout.

VICTOR.

          Ah ! vous êtes la source
De ma tranquillité. Tous mes sens sont ravis.

             (*Il va pour sortir.*)

LA ROCHE.

Et votre traitement, vous ne m'en parlez guère.

VICTOR.

Celui qui, dans ce jour, pour moi devient un père,
    Sans doute aura soin de son fils.

   (*Il sort après avoir baisé la main de La Roche.*)

SCÈNE III.

LA ROCHE (*seul.*)

Tu n'es point une erreur, ô douce simpathie ;
    Jamais je ne t'ai mieux sentie ;
Ce jeune homme m'entraîne, & pourtant je le vois
Aujourd'hui seulement pour la première fois.
Mon pauvre Eugène ; hélas ! il serait de son âge ;
Victor, à cet égard, m'en retrace l'image :
Peut-être mon Eugène en aurait la douceur,
Les talens, les vertus, la modeste innocence.
    Et ce serait là pour mon cœur
    Le plus beau trait de ressemblance.
Enfin, j'ai quinze jours pour le chercher encor,
Ce fils que j'ai perdu, ce précieux trésor ;
Et si, pour le trouver, toute démarche est vaine,
    Sans oublier mon cher Eugène,
J'adopterai pour fils le vertueux Victor.
Mais Durville & sa fille arrivent en querelle ;
Je l'avais bien prévu.

SCÈNE IV.
LAROCHE, DURVILLE, CŒSARINE.

DURVILLE, *échauffé.*

Mais c'est qu'en vérité,
C'est une pure absurdité
De vouloir gouverner ces têtes sans cervelle.

LA ROCHE.

Qu'est-ce donc?

DURVILLE.

C'est Mademoiselle,
De qui l'opiniâtreté
Tient au papier maudit.

CŒSARINE.

Je tiens à l'équité.

DURVILLE.

Je l'ai cherché par tout ; néant, point de nouvelle.
Où diable à présent prétend-elle
Que j'aille le chercher?

CŒSARINE.

Vous avez vu mon zèle ;
Mais cet écrit est loin d'être une bagatelle,
Et, sans lui, rien de fait.

DURVILLE.

Ah ça ! de ma bonté,
Que j'ai pu jusqu'ici pousser trop loin peut-être,
Voulez-vous abuser? Je vous ferai connaître
Que je sais, à mon tour, avoir ma volonté.

CŒSARINE.

Je n'ai jamais fait qu'elle.

DURVILLE.

Eh bien, vite à la preuve ;
Epousez mon ami.

CŒSARINE.

Soit, quand je serai veuve.

DURVILLE.

Comment donc? auriez-vous un mari, par hasard?
La circonstance serait neuve.

CŒSARINE.

Par hasard est le mot.

DURVILLE.

Comment! sans nul égard
Pour mon autorité, sans l'aveu de ton père.

CŒSARINE.

De son consentement bien absolu, j'espère.

DURVILLE.

Ah! ça, vous êtes folle au moins.

CŒSARINE.

Non, tôt ou tard,
Je vous le prouverai.

DURVILLE.

Mais pourriez-vous me dire
Quel est ce mari prétendu?

CŒSARINE.

Il n'est qu'un prétendu, c'est vrai.

DURVILLE.

Cessons de rire;
Il faut parler raison; hein! c'est-il entendu?

CŒSARINE.

Je voudrais pouvoir vous instruire;
Mais tout ce que je puis savoir;
C'est qu'à d'honnêtes gens par vous-même alliée,
Je suis bien dûment mariée.
Au reste, le papier? Qu'on me le fasse voir;
Et toute difficulté cesse.
Il pourra se trouver en cherchant bien encor.
(à part) Allons voir ce que fait Victor.

(Elle va pour sortir.)

DURVILLE.

Où courez-vous? voyons.

CŒSARINE.

Ce papier m'intéresse,
Mon père, quelquefois vous pourriez l'avoir mis
Dans quelqu'un des cartons de votre ancien commis.
J'y vais voir.

DURVILLE.

Ah! parbleu, cela pourrait bien être.

CŒSARINE,

CORSARINE.

Un tel empressement doit vous faire connoître
Qu'il me tarde de voir cet écrit précieux,
Et que pour le trouver je vais voir de mon mieux.

(*Elle sort en courant.*)

SCENE V.
DURVILLE, LA ROCHE.

LA ROCHE.

Ah! c'est un vrai lutin.

DURVILLE.

Un lutin bien aimable,
Et surtout bien intéressant.
Elle est tout à la fois & folle & raisonnable;
Je te l'ai déjà dit; mais c'est un vrai furet
Qui va rodant par-tout, qui brouille, qui renverse,
Qu'en son chemin toujours on trouve à la traverse,
Et qui veut pénétrer jusqu'au moindre secret.
Il est sûr cependant qu'elle met de la grace
A tous ces écarts là : c'est genti quelquefois.
(Je parle en père, tu le vois.)
Mais quelquefois aussi, mon ami, cela lasse;
Premier motif qui veut que je m'en débarrasse
Au plutôt : le second, c'est qu'entre nous je crains
Que son cœur ne me donne un jour de grands chagrins,
Je veux la marier.

LA ROCHE.

Mais elle l'est, dit-elle,
Et de ton propre aveu.

DURVILLE.

Tu me la donne belle;
Comment, tu crois... (*Laussant les épaules.*)

LA ROCHE.

Mais oui; c'est justement pourquoi
Je me suis bien gardé de lui montrer un titre
Qui pourroit devenir une arme contre moi.

DURVILLE.

Comment donc?

LA ROCHE.

Je t'en fais l'arbitre.

G

Ta fille, en me voyant, m'eût dit avec raison:

« Monsieur, j'ai pour époux le fils de votre frère.

(avec âme) Personne excepté toi ne sait que je suis père.

» Nous ne pouvons former aucune liaison,

» Monsieur, que je ne sois bien sûre & bien certaine

» Que mon époux n'est plus ». Or, tu conçois sans peine

Qu'il n'est pas très-aisé de répondre à cela.

D U R V I L L E.

Vraiment, je le sens bien.

LA R O C H E.

            Aïe... mon cher, voilà

Pourquoi je me suis tu; laissons donc l'espérance

D'un nœud doux, mais auquel je vois peu d'apparence.

Peut-être mon fils vit : ami, sois de moitié

Dans mes soins paternels : viens le chercher ensemble;

Si nous le retrouvons, qu'un doux nœud les rassemble,

Et contentons ainsi l'honneur & l'amitié.

D U R V I L L E.

D'accord... J'entends des cris... Ma fille ce me semble.

S C E N E VI.

Les précédens, CŒSARINE, éplorée.

C Œ S A R I N E avec un cri de douleur.

Hélas! je suis perdue!

D U R V I L L E.

          Eh mon dieu! qu'as-tu donc?

C Œ S A R I N E.

Victor! il est parti.

D U R V I L L E.

      Victor, qui?

LA R O C H E.

          Ce jeune homme?

C Œ S A R I N E.

Votre commis.

D U R V I L L E.

     Ah! ah! c'est Victor qu'il se nomme?

Eh bien! il est parti?

C Œ S A R I N E.

     Par un brusque abandon,

L'ingrat vient de trahir ma plus belle espérance ;
Tenez, voyez l'écrit que j'ai trouvé chez lui.
Ah ! le trait est affreux, d'après la préférence
Que de vous, par mes soins, il obtient aujourd'hui.
Lisez.

DURVILLE.

Adieu ma digne et respectable mère ! ce nom seul
vous dit le motif d'un départ dont je vous avais
prévenue, et qui n'était que trop nécessaire. Heureux
si en m'éloignant je n'emportais que de la reconnais-
sance ; voilà la dernière témérité du malheureux
Eugène de Rupière, nommé par vous Victor.

LA ROCHE, *avec expression*
Eugène de Rupière,
Mon fils !

GOESARINE.
Que dites-vous ? grands dieux !
Vous seriez...

LA ROCHE, *avec la plus grande sensibilité*
Oui, je suis son père.

COESARINE, *avec un accent amer et en larmes*
Ah ! Nous l'avons perdu tous deux.

LA ROCHE (*avec feu.*)
Non ; souffrez que je vous rassure.
Non, pour nous il n'est point perdu ;
Par moi même à l'instant il vous sera rendu.
Je cours et je reviens.

DURVILLE.
Etonnante aventure !

LA ROCHE, *en sortant.*
Il n'est pas loin. Je pars. O mon fils ! ô nature.

SCENE VII.
DURVILLE, CŒSARINE.
DURVILLE.
Ah ça, de tout ceci, je reste confondu,
Et je n'y comprends rien.

COESARINE.
Ah ! trouvons le, mon père ;

G 2

Et je me charge après d'éclaircir ce mystère.

DURVILLE.

Ne le peux-tu pas sur-le-champ ?

CŒSARINE.

Hélas ! non ; je suis trop émue,
Et puis, c'est devant le méchant
Qu'elle doit vous être connue.

DURVILLE.

Tu deviens folle, en vérité.

CŒSARINE.

Oui, je le deviendrai si cela continue.
Grands dieux ! perdre à la fois mon fils & mon époux.
Peut-on, hélas ! peut-on résister à ces coups ?

DURVILLE.

Bon ; autre énigme, autre folie !
Avant peu je prévois qu'il faudra qu'on la lie.

CŒSARINE.

Enigme, j'en conviens ; mais folie, hélas, non.
Eh ! n'avez-vous pas vu son nom ?
Ne se signe-t-il pas Eugène de Rupière ?
Et n'est-il pas vraiment l'époux
Qu'au berceau je reçus de vous ?

DURVILLE.

Quelle histoire.

CŒSARINE.

Tenez, la voilà toute entière.
Le voilà ce papier...... Je l'ai depuis huit ans.
De vous le rendre, hélas, peut-être il n'est plus temps.

DURVILLE.

Bien : j'avais beau chercher : tu voles donc ?

CŒSARINE.

Mon père,
Ce papier de mon sort renfermoit le mystère ;
De mon bonheur ensuite il contenoit l'arrêt.
Le hazard me l'offrit dans votre secrétaire,
Et j'ai cru, pardonnez, que j'avais intérêt
À m'en rendre dépositaire.
Mais seul & tout ému, son père reparoit ;
Plus de Victor pour moi : suis-je assez malheureuse.

SCENE VIII.

DURVILLE, CŒSARINE, LA ROCHE.

DURVILLE.

Eh bien ! Victor.

LA ROCHE, consterné.

Eh bien, j'ai fait
Une recherche infructueuse ;
Il m'avoit demandé la place d'écrivain
Dont j'avais parlé ce matin ;
Je l'envoie au canot pour gagner mon navire,
Au Hâvre en ce moment ; sur le pôrt j'ai couru,
Mais à bord du canot, Victor n'a point paru.
J'ai dit expressément au maître
Qu'on me le ramenât ; il y viendra peut-être.

CŒSARINE.

Non, il n'y viendra point. — Son austère vertu
A son amour pour moi donne le nom de crime ;
D'un funeste scrupule, il me rend la victime.
O Victor ! ô mon fils ! de quoi me punis-tu ?

DURVILLE très-ému.

Epargnes donc ton père, & commande à tes larmes

CŒSARINE voyant arriver Victor avec Mme Lebon.

Le voilà. — Je renais. — O moment plein de charmes !

SCÈNE IX & dernière.

LES PRÉCÉDENS ; VICTOR, Mme LEBON.

DURVILLE, CŒSARINE, LA ROCHE (ensemble.)

O mon fils !

CŒSARINE.

O mon fils ! mon époux ! enfin donc tu reviens.

VICTOR, stupéfait.

Votre fils ! votre époux !

CŒSARINE.

Oui, ces noms sont les tiens,
Ingrat : tombe aux pieds de ton père.
Le voilà.

VICTOR, *à la Roche.*
Dieux ! grands dieux ! j'embrasse vos genoux.
Ah ! je desirais tant un bon père, & c'est vous !
LA ROCHE, *serrant Victor dans ses bras.*
O ciel ! de tes faveurs je reçois la plus chère.

CŒSARINE.
Bien. — Cet embrassement sans doute est des plus doux.
Mais à ce père là, monsieur, j'en joints un autre ;
Embrassez, c'est le mien ; ou plutôt c'est le vôtre.

DURVILLE, *embrassant Victor.*
Viens, ô fils vertueux du meilleur des amis.
Je vois que par le tour que prend cette aventure,
　Tu seras mon premier commis.
　Allons, embrasse ta future.

CŒSARINE, *le repoussant avec douceur.*
Non ; vous m'embrasserez, monsieur, en temps & lieu,
Et vous me payerez cher votre aimable escapade :
　Quoi, par une brusque incartade,
Vous partiez lestement & sans nous dire adieu !
De votre attachement pour me donner la preuve,
　O vous qui fûtes tout pour moi,
　Il vous plaît de me rendre veuve,
Même avant que l'himen m'ait soumise à sa loi.

VICTOR.
Pardon.

CŒSARINE.
　Oh ! c'est fini, je n'ai plus d'indulgence,
Et de ce faible là, mon cœur est bien guéri.

VICTOR.
Ordonnez de mon sort.

CŒSARINE.
　　Tremblez de ma vengeance,
Ingrat, vous serez mon mari.

VICTOR (*à Madame Lebon.*)
Ah ! madame Lebon, que de reconnoissance ;
Que devenais-je, hélas ! sans vos soins généreux ?

Madame LEBON.
Mon cher enfant, soyez heureux ;
　C'est ma plus douce récompense.
☞ Mais en ces momens dangereux,
Comme souvent le ciel nous sert sans qu'on y pense !
Quels secours imprévus il sait nous accorder.

CÉSARINE.

Ah! vous me prévenez ; j'allais vous demander
Comment vous avez pu l'arrêter dans sa fuite.

Madame LEBON.

Le ciel, je vous l'ai dit, m'a lui-même conduite.
Monsieur, prêt à partir, vient chercher en secret,
Un objet précieux. — C'étoit votre portrait.
J'ai fait des questions ; mots vagues, bouche close :
D'après son beau projet de fuir dès aujourd'hui,
  Je me doute de quelque chose.
Je ne dis rien : il sort ; moi, je sors après lui.
Il allait s'embarquer. — Je parais. — Je l'arrête,
En lui disant tout haut qu'il n'étoit point honnête
De vouloir, sans payer, sortir d'une maison.
Je l'ai conduit chez moi : j'ai tant parlé raison,
Et tant offert d'espoir à son âme incertaine,
Que, comme vous voyez, enfin je le ramène.

 (*Ce qui est entre ces deux index peut se passer.*)

CÉSARINE.

Ah! madame, comment nous acquitterons-nous ?
C'est vous qui consolez la plus tendre des mères,
  La plus tendre épouse & deux pères.
Recevoir un service est sans doute bien doux ;
  Le payer est plus doux encore.

Madame LEBON.

Vous fîtes tout pour moi : j'ai bien peu fait pour vous
Daignez n'en plus parler.

LA ROCHE.

    Mademoiselle ignore
Que trente mille francs aujourd'hui sont promis
  A qui me conserva mon fils,
Et rien n'est plus sacré que les dettes de l'âme.

CÉSARINE.

Acquittez-vous envers madame.
Dans sa peine elle seule eut pitié de Victor,
Et ses soins aujourd'hui vous le rendent encor.
Vous savez ce que c'est que la reconnoissance.

LA ROCHE, *à Madame Lebon.*

M'acquitter dignement n'est pas en ma puissance ;
Madame, vous m'avez conservé mon trésor ;
Que puis-je vous offrir ?

Madame LEBON.

    Quelqu'amitié ; point d'or.

LA ROCHE, *pénétré, lui prenant la main.*
Vous n'aurez pas en vain fait le bonheur d'un père.

DURVILLE,
(à Cœsarine.)
Fort bien. — Mais, mon enfant, tu nous dira, j'espère
Pourquoi malignement tu nous cachois l'écrit
Que ton adresse me surprit.

CŒSARINE.
C'est pour deux raisons ; la première
Étoit de vous faire sentir
Que ce n'est pas à la lisière
Qu'il faut unir les gens, de peur d'un repentir ;
Quelqu'amitié que soit la vôtre,
Vos enfans, ô très-chers parens,
Pourraient fort bien, devenant grands,
N'être pas du goût l'un de l'autre.

DURVILLE, à la Roche.
Pas mal, hein ?

LA ROCHE.
Plein de sens.

CŒSARINE.
La seconde raison
Est qu'ayant rencontré cet époux si précoce,
Je devais m'assurer long-temps avant la noce
Si le bonheur seroit dans notre liaison ;
Donc il m'a paru bien de l'élever moi-même.
Celui qu'on sert, bientôt on l'aime.
Reconnoissance, amour, ô sentiment si doux,
Vous êtes le bonheur suprême ;
Où le chercheroit-on s'il n'étoit pas chez vous ?

VICTOR.
Tendre mère, épouse adorable ;
Et quel monstre, en effet, me seroit comparable
Si j'oubliais jamais !.....

CŒSARINE.
L'hymen est dangereux ;
Ce n'est plus qu'en tremblant qu'on entre dans son temple.
Victor, donnons un bon exemple,
Et si l'on veut le suivre, on verra plus d'heureux.

Fin du troisième et dernier Acte.

2 27

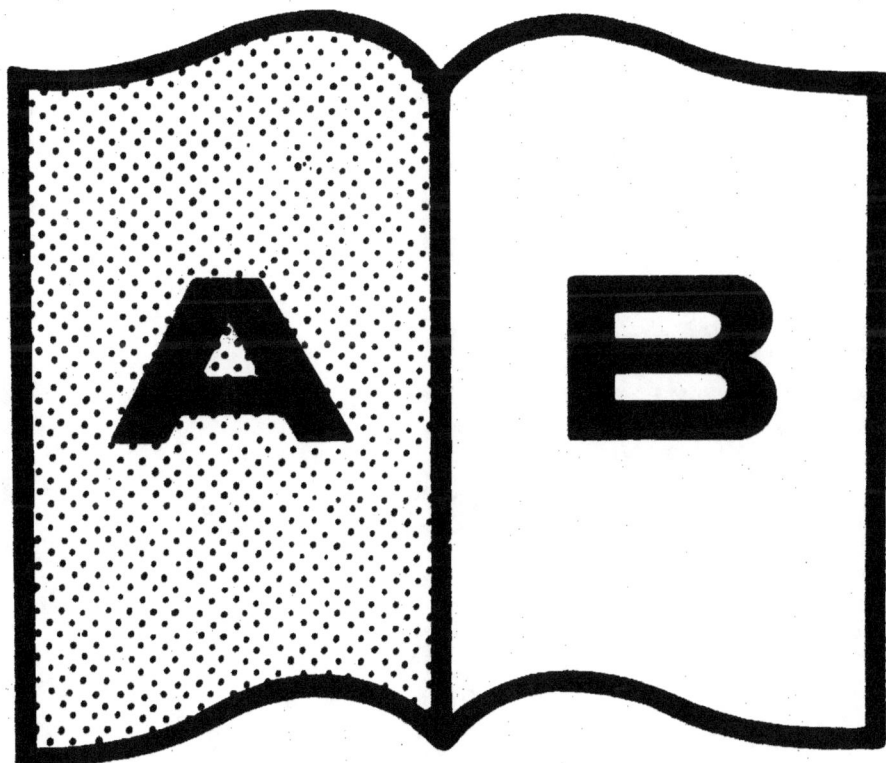

Contraste insuffisant

NF Z 43-120-14